花神的夜晚

李啸洋

——著

第 3 7 届青春诗会诗丛

《诗刊》社 编

长江出版传媒
长江文艺出版社

李啸洋

笔名从安，山西右玉人，1986年12月出
生。电影学博士，现任教于北京电影学
院。南京市第二期"青春文学人才计
划"签约作家。作品刊发于《中国作
家》《花城》《诗刊》《星星》《扬子
江诗刊》等刊物。曾获《星星》诗刊年
度大学生诗人奖。

目　录

第二辑　火与暗

第三辑　春明之时

第五辑　尘世重负

第一辑

花神的节日

银色之夜

银瓶静,
花枝借来香息的时间。
乌篷船,
借来橘子似的烛火。
菩萨布施水,布施光
明月洗尽荒古,
万木承受夜的波涛

花神的节日

花把目光沉了沉，
相思就长在少年脸上。光阴用
神性祝祷

朦胧。花的脸，守着夜
半个银月遮住眉，吻种进额头
半个醉种进月

日子唤醒一匹年轻的豹
蓝色，覆盖了夜
整个世界都是花迷人的语言

布鲁斯

银环蛇腰缠月亮。
光和鸡尾酒一起融化
绿薄荷，削出臀部圆的弧弦
雨中，小伙子载着姑娘
春天的梅子酿着情人的风景。
午夜从蓝色中出场
音符溅下来
打湿春天生长的词，
耳朵和舞步
缭绕出乐的禅

镶

世界正从外往里镶。
狐皮往领子镶，
波斯猫的眼睛往戒指里镶。

镶，月亮用太阳镶。
一种性别往另一种性别上镶
偏见的花边用意义镶

摇滚用金属镶。
镶，工头的嗓子白天连着黑夜镶
穿山甲死了，一条条命往新闻里镶

中国从南往北镶。往新镶。
往快镶。往多镶。
四海的秒针，整齐码在一块钟上

镶，往亮镶，往繁华镶。
哗！哗！哗！
这是世界镶边的声音

闻　笛

三月，抵达午夜
就是抵达宋词里的一场雨
笛木吹出音符
连成断断续续的雨
连成禅
花木，禅房，青砖
浮力
飘来香与无限

梳　子

第一次梳头
为六十岁的母亲。
黑色，一个记忆的词。

我自年少就识得这万缕青丝
那时，油灯熬着眼睛
贫穷发出昏聩的光。

乌夜供着清水，
母亲补生活的烂袖子
似一张憔悴的古画。

如今，日头韶尽全部的白
虫声萧条，秋天
荻花和蟋蟀都老了

好像过了很长时间，
自我放下梳子。
记忆的纱窗，扑满春天的新绿

孤春山

雪未落尽，江水就流进宋词
化为墨痕。秀才把竹子栽进绝句
用梅花典酒，用白色喂鹤
老子汲一身庄羽，在竹林里
炼风，芭蕉烟雨为江山润泽
春山南移，蜀国养过的猛禽
蓄势待发。听
白雀轻轻弹出树冠
雪用呼吸压断竹枝
琵琶惊飞白鹭
断成春天缓慢的韵脚

燕　子

一根线从平原出发，摇摇晃晃
孩子们用想象的声带，讲述
北方失传的谚语。

燕子是花神的前哨
掠过春山，掠过地平线
清晨，我伏在纸上写雨写柳

时间羽化。元音甩入天际
春天有了谱子，燕子站在高压线上
唱出愉悦的声线

昙 花

午夜，沙漏呈报时间
姓氏散佚，亡灵对着井说话
一滴水停下，听元音窍出时间
对答。南朝佳人种花月下
白兮皎兮，婴儿气若游丝
偈语。经书。墟与迹
貂蝉拜完月亮，昙花就开了
佛的手掌松开雪
时辰，从一朵昙花里坐化
公子立于窗下，听回雪流风

雪 声

雪声盛大。江南，青竹已变成琼枝
苏幕遮，鹧鸪天，忆秦娥
西北望，乃玉门关也。烫一壶小令取暖
腊月，庶民披一身大雪
听戏台唱霜冷人间
花旦和小生研磨长短句
象牙白，月亮蓝，豆叶绿
雨弹出的宋词
抚平大雪苍老的皱纹。
梅林里，豹轻轻走
雪下得正深

雨的衣裳

一匹马驮着洁白的曼陀罗来到春天。夜晚，
柳树梳妆起来，杏花和桃花睁开眼，迎接
闪亮的雨水

风吹来，羊羔和一场洁白的梦被吹得蓬松
麦田喝饱乙醚，大地回响着绿色透明的针
布谷鸟的耳朵听见古银在鸣

雨夜，时间变卖所有的色彩。雨水弹醒了
屋顶、陶罐和星星。梦把孩子浅浅的酒窝
轻轻摘下，放进母亲的怀里

雨夜，所有的岛屿连成陆地。良善的祝福，
来自远方的鸟鸣。树根连着树根，兄弟
连着兄弟。月亮站在山冈上，给人间披上
透明的衣裳

沐　雪

孩子朝上面喊了一声，
天空便洒下洁白的回音。
一路从天国飏下的花朵
将山川呵成一片浑莽。

一匹水晶绸缎包裹世界
星星垂落在屋顶和窗棂上
童年回到一粒冰糖的重量
白鹭、梦和冬眠隐浮其间

万物收回影子，路收回界限
雪花与自己进行一场告别
只剩元音、微弱的呼吸与盐粒，
掩覆大地的地平线。

海 棠

元曲散。伯牙断琴，海棠稀落
怎奈子期已亡。且等那姹紫嫣红唱遍
待韶光锁了庭院，旧缘断了尘根，再寻对小婵娟
寻将缺月牙儿补全。夕阳底，重抽宝剑
斩麻黄，祭桃花。一折明朝戏
连理重配鸦雀
梨园情义荒了，连那巫山云雨
也难入梦。又逢樱红蕉绿，谁看？
与卿万般恩情，怎落得个光阴离散
洞庭波老

新　郎

黄昏，镜前。窗外河流结冰
星星盖着满天风雪。
沙漏静流，
灵魂许下洁白的时间。
我与你跪下，祈祷满月
你许我梳子，我许你玉佩
红烛亮着，溢出杉木的香气
窗前，一匹马低头啃食苹果
鸳鸯和水在锦被上睡眠

元宵节

荷包挂在梦里，南风吹进记忆
钓起失眠的眼睛。
身体的暗号松了，元宵用旧的词
写绝句。诺言在汴梁相遇
花灯初上，雪打湿公子的衣衫
等待的人站在桥上，目光涟涟
宋城墙上，公子慕念佳人
与火焰相比，渴慕才是
动词的变体。是重力、眩晕、迷醉
桃花在相思底下次第打开，又是一年
春的韶光又谢了一茬

大象的梦

大象在平原吃草
古代的鱼群游过梦境
水母举灯，蓝色闪亮
你的眼睛归入时间深渊的黑色。
牡蛎开过双眼
风流浪到海滩，在
罐子里打旋，沙子呐喊
潮水漫过海岸
记忆的泡沫急骤消失

水仙侣

掌灯，午夜慢慢亮起一场清雪
十二点，润满杏色的甜。
白衣仙子凌波而来
银簪碧玉照寒怯，
凡间萧然俗物，尽都撤退。
水仙用脉搏吟哦，
旧眉寄来馨黄
蓝色的吻落进花的前世。
此刻，白衣玉貌立于月下
等如意人

牡　丹

牡丹属火象。贵族的江山绣在
锦缎上。铺开宣纸
国色就倾过千川：长安，洛阳，扬州
宫红，白檀，姚黄，魏紫
多少年了，牡丹惊动字典里的比喻
一厢城，两生花
今夜宜饮，宜典当银器
宜唤上李白和三千荣华
眠于夜市酒家，斟一壶月光
对酒花下

蓝　夜

夜又葬至我身上
月亮鼓起来，照醒世间
星星和旷野对眠
似两位故知。
脉搏沉睡，
无尽的雪落进记忆。
黯掉的梦
留下蓝色的喧响。

墨　梅

北方，黑夜打探过星相
星光曝寒，豹子
移下断崖。雪压境西域，白
封了鸟鸣。梦里，
宋的梅花带一身寒气
中原隐于暮色，莽原尽是荒象
六爻与墨汁占卜，故人
生年不详，卒年，也不详。
月光挤进柴门，山中老僧
听风过无涯

从　前

黄昏，我们
又见面了。像很多人
初次的照面，像背景里的春天
像万物间的亲密，像人间的
很多偶然。
你像一株翠绿的松竹
朝我走来。傍晚忽然变得明亮
我拉着你的手，时间依软
像田野新松过的泥土

桃 灼

初世有桃花。胭脂涂上广阔的母语
九丈原，十八里桃花酿造山谷汛期
一场甜空旷过后，花朵
方从比喻中醒来。人间失去
春色，琴声杳入江湖
桃花是一道命中符，小娘子着一尺绿衫
含一齿朱红，提着一篮子心事
向菩萨问劫。情郎姓蒋，也姓顾
庄子牧水，白蝶扑过万里
寻找夫子的下落

童　话

黑夜给尽头镶边，
时间典当时间。
河水清洗春江的月亮
姑娘迷人的酒窝
含着新月
教堂外，大雪盈野
姑娘长发委地
男孩吻洁白的月亮。他们
坐在秋窗前吃一串葡萄
每吃一颗
星星就锈掉一颗

杀 菊

秋天，必有翘舌的读书人
为铺一床凉，互相推攘
空壳附上穗，铁状附上白霜
刀客隐匿证据，藏起断绳
而秋风，正是那白夜追凶之人
明堂上必有杀花人呈报线索
重阳，山鬼破开山门

狮子菊吊唁故人。先生寄来一枝东篱
辟邪，东晋肃杀过的菊花
定拿诗来落款

杏 花

时光在你我之间下雪。

风与我叙旧：鲜卑人停马

唢呐吹吹打打，深山用荒烟嫁女

杏花未眠，失眠白得绝望

静虚生白，白是公子的梦

牧童骑牛，满山笛声亮着星星

春山里寻路人停下

红尘有一场花事未了

春花散空

活在词语的世界里
句子是旧的，
黄昏的口吻也是旧的。

烟升往月亮，
月亮奔向古代的黄河，
千年涛声，净洗夜的袈裟。

西域，雪在记忆里片片消寂
藏历里，春天的母语
已挂满新月

第二辑

火 与 暗

热 切

欲望多看了你一眼
不属于我的心跳，
把浪花和火焰送走。
月亮等待圆，我
等灵魂残缺的月相
相逢，也
唯有相逢
才能让目光亮起来

石头经

世界用石头来加深自己
刻，凿，雕
在铁器里剃度，石头
方有了佛的肉身
是身
在寻找身外之身。
石头的一生是硬的。甚至
秘密，甚至欢喜
都安然于平缓的脉象
大水灌岸
淤泥底的石头怀藏冥定的玉
而不安
是给石头赋形的人

维摩诘经

寺外，雪在落。
有僧人听到失传已久的声音
隐隐中有马归来，
有扑向天际的一羽白鸟。
修禅，三更复三更。
枯身已成万句偈语
香炉边猫变幻瞳孔
推开一窗月色，梅花
一枝喜过一枝

墓

月亮引着河，
于黄昏前抵达诗人墓地。
夜正数着自己的名字：
灵，亡，身
当时雪下得很大
万物的呼吸连成白茫茫一片

甲骨爻

虚构的国里，王活着氓也活着
出郭游春，王拉上虎皮，氓裹紧粗衣
停辇。张琴。隔岸探花
氓抱来大瓮，王端平酒樽
尝到药性后，王用剑想象氓的模样。
驱车回城，沿途的事物都在倒立：
冈地成了"凶"地
普天下，王畿之"田"依旧是田。
忽一日，北风纵灌宫殿
琴弦被剥得忽而西，忽而东
王用柱子和青铜剑定住风
氓用风筝和尘埃定住风
最后王用尽王的气数，氓用尽氓的孤独
曾经，王和氓的骨头里都住着酒，住着火
住着青铜器盛大的光芒与灰烬

清 明

清明，烟柳尚虚
女人从冰凌里醒来
云在河边落脚。
远道而来的白鸟
穿过僧侣的手掌。
命里的盐
在身体里返潮
雨水把风景酿得稀薄
在民国，有人
打开密匣，准备
从玉里出家。有人
缝好皮囊
准备衣锦还乡

玉 问

玉静得镇定。光阴，如烟生长
问过水，问过月亮
石头就放下杂念，冥想十方世界：
定住空，定住色
定住尘世明亮的念头，
酿出海的澄澈。
挫、磨、雕、刻、抛
肉身方成。
其实，没有哪块玉
能挣脱刀斧。
石，是玉的命
一块玉给自己开光
了悟，返回石头的前世

铜　锣

锣长着法相
声音在金属上打滑
叫醒夜的人，也把自己叫醒
慌张捂住心跳，捂住
脉搏漾出的火星
偷锣人的嗓子掉到地上
敲锤定音
黑白与证词咣当作响
平时，锣活在无边的寂静里
巡过三更，待万声归宗
耳朵才化出萤火

领　受

用吻领受你
用香水领受你。

用箴言领受你
用纯的东西领受你。

用灼灼目光领受你
用节日领受你。

用血液领受你
用世上可证明和不可证明的心领受你

斧钺记

身体上路。出门或者出家，
被世界锻造。用火锻，用法锻，用血锻
一万担铁卷起裤脚，一万担铁提心吊胆在
元朝赶路，赶到铁木真的兵刃上
赶到胡琴锋利的弦上
命若游丝。铁把命镶进明朝
镶进刺客的暗器，镶进皇帝的金銮殿里
一纸诏书。一万担铁卸下一身冷汗，回家
闪电扑打天空，雷声醒来
一万颗北斗星落地，撒下光的种子

铅 字

胶泥上行走，一行铅字
受了火的刑罚，周身滚烫
词灌了铅。意义，远在句行之外
草纸上，迈不开韵脚的字在跛行
像蹒跚的囚徒。
有时，词变成一个人的反面
坐进肩舆，使用咆哮的语调
舌头迸出伤人的火星
风景正遽速消失
受过刑的词语垂在刀口
像凹进墙壁的弹洞
不信你听
风里它正叨念咒语：
血，血

遗墨记

夜栖身于宣纸，运笔人抡起禅杖
横竖相戈，水滴和花火叮当作响
龙蛇吐出的丹珠滴在楷体的偏旁上

墨在纸上喘气，蝌蚪在水里游累了
需要停停。字锋倒戈在犄角的敌意里
篆书需要一场秋风倒叙凉意

力在纸上漂浮，牛车拉走战败的部首
游牧的遇上耕田的，姓蒙的打了姓宋的。
火焰烧过行书的草，车轮碾过隶书的青苗

春秋，雨从竹简里干了
仓皇卒子带着铁锈斑斑的信仰
从黑淋淋的笔下逃生，春秋诞生

魏碑穿好遁甲，金文披着袈裟
丢下花枝，水墨点化过的字遁入山水
北方，汉字的真身塑在庙里

蛇与法师

夜折断翅膀，匣底藏着戒指。
法师藏着昏聩的记忆
远方有琴和星斗，有风，
和不曾说出的词语。
山峦寂静，两个少年来这里躲光
躲避无灵的腔体。盛开的腔体碰撞
蛇把月缠成幽蓝的瓷器，把瓷器碰成
闪亮的碎片，脱胎换骨。
断裂的声音由水晶和曼陀罗传来
日历上，春天历历在目
记住不安的身体。记住春夜的鹿
记住唇尝过的蜜。白日隐蔽
呼吸乙醚，呼吸水仙少年
温暖的水域。前方
湖泊清亮，水汪汪的镜底有深潭
囚禁的法师与蛇

空

风让一个人空起来，
似弓挂在没有箭的日子里。
开败的梅花
等雪覆盖的时间。
寂静围着，似羊水盈满子宫
庙周围，松柏已倦于修行
远山散佚在宋代的经卷里
一场雪下进黄昏
下进古典的记忆里

青铜器

失去光泽，铜默默
在黑色里活着。守更苦，五更尤苦
忧郁者身上有一勺夜的味道
饕餮梦见鹿蜀，数祖先
锈掉的遗产：簋、斝、罍
鼎。簋。盉。
古汉字失散的偏旁部首
躺在墓地里，躺成
陌生的兄弟

鸣　鹤

春雪后，白鹤和轿子
回程南方。魏晋用目光里的一只鹤
打开铁笼，释放陶，释放谢。
被贬的泉水在山中叮咚作响
将军卸掉铁甲的哆嗦，一身轻装
金齿和银齿锻打江山的火花
十二月，风与山川相逢
梅花款待雪，酒款待走进深山的人
一对白鹤款待流放的云
当拿工笔典当碎银
典当虎皮做一件僧衣
当填一炉松火，张笔开墨
让鹤在宣纸上鸣叫人间

仗 醉

废掉生辰纲，无垠的黑暗用星星做寿
酒是江湖下过的及时雨。好汉们赤脚走绿林：
野猪林。景阳冈。史家村。祝家庄。草料场。
上肉，吃酒。李逵的板斧劈开木头，北宋的殿梁
震了一阵。傍村小酒店，三碗不过冈
老虎目光眈眈，武松拎醉拳踉踉跄跄
一扑一掀，掌心早冷成一场白雪
风在啸。山神庙断掉最后一堵墙
林教头拿花枪挑了酒葫芦，下山借道
星星，一百单八将花过的碎银

慢光阴

骑豹人在星光下散步
僧人飐一碗水打坐
春山，花香点醒沉睡的石头
竹子在绝句里栽种江南
星星，漂移的岛。
雨落南方，雁群的偏旁东移
我牧云，云也牧我
花朵经过我，像马的响鼻经过冬天
牵马人路过水边
行囊里春光瘦得欸拉作响
月亮一贫如洗

鼓　声

鼓用声音为自己招魂。
五更，叫夜人醒了
墙上挂着的面具活了很久

弓在埋伏，箭也在埋伏
槌响，雷和雨的种族冲击突围
吞掉火种的士兵，寻找星星的光线。

貔貅呐喊，声音被咽回午夜的嗓子
真相显现白天的肉身，受惊的秘密捂住心跳
大风劫掠高原，旗帜猎猎作响

西夏音记

银勺舀出黑夜，西夏公主涉洛水而来
宋朝公子提一袖蓝漆
画怀中青衫，画露水底月亮弯弯的眉毛
白马立于窗下，驮来家书和小篆
风尘仆仆。夜晚装满一罐子梦
风雪敲门，而
夫子杳无音讯。
布谷鸟的声音鸣醒西域
春雨泊进梦里
长安，梦境留下出口

梁欢梦

雷响了。梦是一朵吹谢的芙蓉
夜半，有人听见命里的劫数
树在招风，闪电割开天空的肚皮
雷响了。有人以失败告终
有人现身于深夜的
彩票店，跟自己抓阄。
雷声四溅。闪电把孤独一分为二
有人呓语，有人把头埋进
墙角哭泣。空空
手掌，慨叹身上积攒的疲倦年月

影

影子伤过的人来了。
面孔，闪烁蓝光
夜晚披着袈裟
呼吸，银子和词语
闪烁。天空佑过的语言
挂满星星。子夜
锦被上鸳鸯睡去，
月和星
扶着黑夜的影子睡去

回 光

望见脸，他就被无形囚禁。
他的灵魂罩着一层透明的玻璃，
虚晃的一枪将他击晕。
那张脸散射着光源
在他的血液里反复回光，
直至熄灭

物红帖

胡杨一夜就落尽了。秋风
改变了诸多事物：比如贵族的海棠
比如上海的银匠，四川的佛珠
陕西的芭蕾舞。红，红
遇见雄黄咽喉方开始放松
红是公鸡发怒的暗号，也是
血的信号，有时
一只知更鸟的病灶，需要苍术
摘除。黄昏，雨落进高原
为黄土松绑。枪攒够声音
用一嗓秦腔呐喊

老 镇

月光敲打柴门

又一年春天，寒冷如常

猫打呼噜，梦见洪水卷过桃花

方才，上坟人提着篮子回来了

带回香灰和供品

整个春季，冷像瘟疫一样跟随我

生活不再有崭新的欲望

而绿叶像婴儿眼睛一样新

庄稼安静地长着，黄狗

安静地舔舌头

电灯亮着，像慈祥的旧佛

小镇搭在几根木电杆上

合上抽屉，信件就回到了过去原处

火

火是慌乱的心跳
舌头陷进灯笼
证据发烧，火烧过的事物发黑
似包拯的印堂。
檀香升起，凤凰有了火象
风舔着夜晚黑色的鬃毛
秘密的灰终是可烬之物。
火焰里站定，星星方可燎原
惊醒辽阔的沉默
而一只蛾子的念头，是
低头飞过去
用火光报晓自己的时辰

年轻的一天

你是我年轻的一天。
风把我们身上的花朵慢慢吹开
傍晚，我们藏进风花雪月
渴了饮一瓢相思，饿了便慕食青梅

你是我失去的一天。
天奢侈地蓝，你奢侈地年轻。
世界降下成吨情话，成人却在学习沉默
时间之河几近枯竭，而他们尚在谈论水源

你是我老去的一天。
我每日侍奉往昔，如名士侍奉真理
真理侍奉无尽的比喻
风吹淡诸尘，但加深了这年轻的一天

第三辑

春明之时

惊 蛰

风的手指抚过桦林，弹出吉他的声音
雨在树的年轮里沉睡

群山开光，着绿色袈裟
白马把寺庙驮进自然，花香荡漾群山

春天是一听沉睡的罐头
菩萨梦见洪水，法说：门是时间的切片

春夜里，书里的人都老了
往世的人住在北方，春风灌满黄沙的嗓音

小说家

消失的音节回来了，
埋进情节里的人物也回来了。

词过完意义的一生
像雾凇在柳条过完的一生。

小说家被灵感捕获，
像中了闪电的埋伏。

句子不会奔跑
它守在等待的湖面，垂钓

雪

词语开口之前，雪已消失
含着冬天的句子。

雪落下，夜变得
清亮、透彻。雪把北方的夜
下白了
白，记忆灼出的亮度。

雪下的正猛，
似李逵挥下的板斧。
菩萨被雪遮住头颅

含着冬天的句子
雪已消逝，在词语开口之前

春夜行

八方无边。月光空照
稀落的玉兰与喜鹊
前方是路，后方也是路
春夜里，牵马人路过水边
苍山蓝色的呼吸，深深
拂向一张脸

春日尽黄昏

黄昏，细软的柳枝伸至窗外
云翳染上福寿的颜色。
鸟离开居地，将一天的光阴
拉长。身体被梦包围
借一场雨，赤脚还乡的人
挂满声音的银镯。
春夜，冷冷的黑句子泼向我。
蓝钟花追逐月亮，
山涛隐于鸟翅
断断续续的梦进来
唤醒故乡

热带印象

热，像来自玛雅的预言
一场雨落进古代的瓷器
银镯黑了，有人心事未了

电线埋进眼睛，目光就获得闪电
雷声盛大。树的记忆在雨声里重现
一个名字压满褶皱，像覆满灰尘的字典

空空瓷器，天空瓢泼蓝色的印章
满地昼夜寻找水晶。古代的雨把时间做旧
穿过万物的光彩

生　锈

白天已亮完一半。
活下来的，
在土里滋生绿锈

风吹醒石头，水滨
一群孩子用蓝烛掌灯
浪花在他们脚下涌着

鱼群把蓝色托给大海
乌龟驮着活下来的偏旁
将一场梦交付闪电

原始之夜

夜袒露肩胛，目光抛出闪电
欲望尾随两个陌生人
走至河边。秘密是河，
是命里注定的苫草
等夜的舌头濡湿黑色
鞭子开始进化，蓝色的雨
落在一个人的皮带上。
月亮烧起来，鱼有了活的肉身
根之夜，世界褪光了鳍
两条前世的鱼寻找相似的胎记
原始之夜，肉身的诺言
是空的

威尼斯静物画

郁金香插进花瓶，
母语忠实于诗的夜晚。

波斯毯和银壶静伫于房间
少年从蓝色瓦罐倒出泉水

绿猫眼开出梦魇
河流起身，爬过威尼斯的城墙

拉斐尔寻找一面纱
画笔和羽毛落在少女的额头

农历春节

正月初三，光阴午睡
母亲在洗衣服，我在
老房子里看书
多少年了，北方用晴朗等我
正午，太阳融化窗上的冰花
麻雀念出古老的词语

寅　时

夜未央。梦从铜镜里爬出
有人敲开自己睡眠的姿势，
梨园锣鼓在喧。项羽，刘邦
袭人，鸳鸯。李甲，十娘
空戏台上，角儿咿咿呀呀地唱
玉簪和银枪碎在冰面
水粉遍地出逃
失眠人捞出一张狼藉成灰的脸
听到故书里响起楚歌

述杨梅

他磨好砍刀，敲打一树鲜嫩的
杨梅。扑簌、扑簌，连枝带叶
连同尚未出嫁的花朵
一起卷进自行车的链条。
他脱光衣服，在春天里撼摇一株
翠绿的梅树。头顶的明灯
忽明，忽暗。

忽明，忽暗。
隔岸传来潮湿的声音，一阵黑，一阵白
如眩晕。如痴。如四肢掉进雾里的人。
钓鱼人手中的细线一直在颤
要来了，大鱼要来了，他说。
游。大鱼在她身体里着陆的时候
他浑身发冷，双唇沾满海的潮腥

雪　国

夤夜，虚静
花朵和兽角埋在禅下。
雪轻轻落下，不叫醒人间的秘密
白色藏起山丘，藏起
童年与水晶。
时令大雪，高原僧人以雪沐身
大雪中，洁白的羔羊降生
梦境压断松枝，白雀鸣城
寺庙立于茫茫中

木　雕

木头的被动性是雕
否则
蛀，或者朽。
施以力，
刀刻唤出佛沉睡的波纹。
有时，木头的本性是顺从
顺从字典里固定的名词，顺从光阴的沉响：
紫檀，黄杨，楠木，沉香
符匿于桃木深处，
佛珠里醒出满天星。
众生从枯荣中脱胎而出：
仙侣、花卉、鸟兽
万物印上黄昏的脸孔

赶地铁

清晨被地铁吞入肺腑，挤进螳螂
捕蝉、黄雀在后的空间。下一站
重新洗牌，斑马线再次成为分子
盐粒般消殒在四号线附近的河流
似，大海遗落一根银针的澎湃声
雀舌悬浮，隔栅成丛立的墙。而
馄饨饱嗝僭越界限，尴尬与秘密
互通款曲，香水在我们中间复活，
兴观群怨，点亮冬天的一夜苍雪

宽　行

落雪了，罗马
用白色洗礼。乌夜，出发肩着悬崖
危险的部分。知窄，守宽
受命远方，一条路小心翼翼将自己履平
用身体为过往者布道。
猿声埋伏，江水用慌张的喉结试探
窄是普遍的世相，而路
怀揣黎明，心跳始终平缓。
平原上，燕子追着一封家信
走卒贩夫，花轿肩舆
把耀眼的心事押在路上。神
借黑暗拂下迷宫
不见尽头，一条路用平坦修行
用脚印抵御流言。风呼着低音
一匹老马缓步抵达故乡
路过的风景清澈起来

狮身人

失眠长满声音的耳朵，梦
生出蓝色花萼。
风景朝古代的原野倒退
船至尼罗河，水和慢就停了
睡意袭来蓝色的雨点，法老走过石门
胭脂，染过青铜的花枝
神抚过额头，泥生出脚跟，先知
听见宇宙回响，贝壳。羽毛。闪电。
狮子挣扎着铁质的黑色
找命中的咒语
无际的沙漏，覆满
声音的时辰

老

他是一个值得尊重的过客。

——［法］马拉美

挖开的一丈黑窟窿在等他
一场暴雪，凶险的白。
棺材漆好后他倚在炕沿，
打量窗前惊叫的乌鸦。

光阴在他的身体茂盛过
最贴近的生活，都依器官而生
嘴唇、心脏和两片肺叶
活过的鲜艳细节。

羊肉喷香，他的牙齿撕扯不动
生病使他变得善良
疲倦使他变得像深秋的蚜虫
吸食盛年残余之水

吃

北渚，水灾。石牛镇之。
向东一箭地，直线，迂回。
回首，桥已入黄昏。
————题记

青花瓶上月亮满身大汗
泥鳅乱跳。餐桌上灯亮着
食客们一筷子一筷子把螺肉挑至碗中
椰花菜。白馍馍。烧龙虾。
娘子和公子在嘴里大兴土木
嚼尽晓风残月，断桥夕照
碟子已撤离作案现场。饕餮在下沉
味觉。听觉。一些印象
因黑暗缘故而省略
忽而看官涌来。惊堂木一拍
素和荤浮出肺腑
隔着戏台，食客分拣四散的银两

一棵树在想

一棵树在想
它应该长高
垂直站立
注目彼此的过往

一棵树在想
它应该去看另一棵树
灰雀、翠三角和晕光
还有树冠流过的芬芳

一棵树在想
它应当老去
褪去鲜绿的衣饰
露出虬曲的枝丫

一棵树在想
它应该离开太阳的照耀
回到树根底下
触摸泉水的清凉

水曲柳

水各有活法：
雨，井，河
一行水，活在与虚空的较量里
水在命里带走了石头，
没有声响。
而
木头的活法，大致一样
椅，凳，床，
树来世的命运
就是等
等黄昏归来的人
在身旁坐定

月　相

月亮用圆的念头活下去
我在自己的身体里活下去。
肺充着血，
语言冒出黑色的子弹。

四月，海棠的上旬
过去的月相指向我
并非银色
而是在借满光的夜里

失去的夜晚
是白天蜕掉的皮。
月，续满下旬
又一轮生活冒出子弹

唇 月

倒酒的人啊，再替我斟满！
用你竹节般的手指，掬满蓝色的目光
生活曾拿走我的一切
葡萄酒，这快乐的液体
害我今晚又醉。请
给我开扇门，
许我穿过痛苦。请
戴上图腾，秘密发愿
野蛇正在秘密交缠，编织邪物
亲吻下凡的月亮吧
为了今晚的醉

阿根廷电影

午夜似

散文一般寂静

猫醒时辰，墙找到记忆的

裂缝。大地裸背

一棵树出现在电影里

女主角用石榴标记

爱情。带着酒

舞步从声音里出场

战争让亚马孙河的分支看起来更像

分支。隔桥眺望

烟花落入泥泞，伤心的

女树，用梦的叶子文身

第四辑

七 星 夜

山水来信

雪宽容万物。雪隐入佛经
枯成万片偈语。唤醒一窗月色
梅花一枝喜过一枝
谷雨绿，柳枝新
白马驮着公子归来
种半阕词牌，点蛾眉，染烟罗
花朵显烈。铜镜中夜色凉薄
浣纱人涉过溪水，满地莺声
香桃木，醉芙蓉。小青绿酌洒微雨
酿十里春风，拓印一匹白鹿
烟山炽盛。竹宣纸沙沙作响
女子从宋画中苏醒，青衫笼罩月色
夜晚把宁静搁在一朵昙花上
秀才挑灯，把画里的山水散养在线装宋词里

扑 克

不是梦，是半辈子的自己。
失对又失群
不断重复孤独的单数。
一个质数和另一个质数
千里相隔。柏拉图的洞穴
难以搭配一对孪生石头。
生活就是半路出家
捡起一把玩剩的扑克
我只是其中一张

石头的心跳

石头没在淤泥里，
痴望水面的莲花。
亭亭玉立的花，
青圆茂举。
蜘蛛在露珠垂下一根银丝，
石头攀援滑落，
"如何才能见到伊？"
世尊微笑：
"善灵石，等有了
心跳。"

爵　士

夜从黑管里出场
蓝猫，舔舐月亮。
声音流出词语瀑布
缠成银色的溪。
蓝环蛇摇着猫步，
一根羽毛浮在空气里。
节奏爬上舞步
金属架上一双手光芒四射

七星夜

古代的黄河淘洗月亮，
月亮施洗众生的夜

花肩着雪，
风呼吸着树的灵魂。

祖先肩着疲倦，
灵魂选择了肉体的路。

夜晚垂下梦的阔叶
豹，梦见雨林里的兄弟

神将睡眠洒向大地
昼与夜间连着一根人的绳

嘎查村史

石头是胡族割遗的骨肉
狼饿了，就啃食苍凉
等匈奴的马队饮饱鲜血，
风才敢把耳朵提到树上。
夜复为刀，满世界的石头滚下来
元朝，汉子们把皮肉敞开，迎接
八荒的一场雪。受封于剑，
汉字铭记语言的探险。戈壁，
石头与骷髅平行。理一程山水就是
理一段白。白，古代梦见村庄。
沙石是大地长出的疙瘩，征途
溃败的证据。无名的事物是白色的
白得悲壮。无名的事物捂住
伤口，把沙子交给
听远道而来的风

春　明

花豹逐着春的体味，
猫轻饮月光。
花下，有人饮马
枯木已藏好复活之心。
水从冰中死里逃生
雨流过季节的血脉，
散成空疏的心跳
一寸一寸
渗入无根的身体

梦见姥姥

梦是一块打碎的镜子，
没一丝力气。
托梦人从水银里爬出
月光封住眼睛、鼻子和嘴巴
梦里，你穿好新衣裳准备去村口看戏
依旧拄着拐棍，坐在村口的大石头上
你灰白的头发蓬乱
颧骨也要高一些
还未开口，哭声已经苍凉
外婆啊，你说外公把你接走了
你说他在地下想你
你回来吧，我也想你

雨　茶

开一碗水。水是庄子的羽衣

玉壶，茅屋，佳士，修竹

雨是白衣秀士写下的序，雨的声音在大地

找根。一壶时辰过后，水的平生

走得很慢：清明，谷雨，白露

慢成宋词的清平调，慢得

无声，无垠。雨落在南方

宋朝书生在竹林穿行

至真水。聆听水滴施洒木桥

开一碗茶，瓷皿以元音对答

无尽的回声

白色没有边界，风拂过蝉翼
赶路人停下马，听山口黎明
蓝色的呼吸。一只鹰
拖着墓石，在人群里挣扎双翅。
语言里的文字不食烟火
他们是被刺过的人，生活
谨慎地使用脊梁，使用
戒律和想象。很多年了，
有人在庭院里种植梅花，
用一尺雪安身立命。很多年后，
诗人将回到北方，站在城墙下
倾听时间无尽的回声

万物之夜

月光铺在大地上
河流埋下蓝色的血管
空气像往常一样笼罩一切
南方，风景像繁花一样。
夜莺等待风
嘴唇记得吻过的花朵
万物静默之夜
没有声音，也没有词语

你的吻落着雨

你的吻落着雨。雨落进一场光阴
你轻轻走来，双眼沾满黄昏，
吻在蓝色中落着，雨的傍晚注疏记忆
带着水的光亮

你的吻落着雨，你的声音落着雨，
吻中，身体找到自己的声音。
吻留下一缕云和一对翅膀
留下声音，像留下一场雨中的风景

吻在蓝色中落着，你的吻
湿润我的记忆。吻别，
水找到世界的声音。你的吻
落着雨，落进清澈的记忆

野　柚

夜晚挂着四轮月亮
橘子花的香气
浸透南方的夜晚

大海闪着蓝色眸子
梦的眼睛
挂在星星的睫毛上

北方有无名的疲惫
孩子熟睡
他的眼睛似春天般透明

雾夜行

凌晨两点，开车夜行
从北京到秦皇岛
与文哲、王淳、王超一起
新年大雾，能见度不足五米。
——题记

车在夜中行。
缓慢的彗星扫过浓雾

困了，看一米白线
饿了，掰一块黑夜

一路丢弃城市的壳与核
元月一日恍若秋风白露

四个外省人，身上揣着
四个故乡和四种口音。

一定是醉过的年轻
日历里，新年没一丝皱纹

禅 茶

一盏茶，南山便悠然而来
子夜，佛的掌纹在水里泡开：
铁观音。松萝条。永春佛手。冻顶乌龙
一碗，一水，一茶，暗香沉浮
静。虚。定。叶子遁入水里坐化
备好春木之心。佛的夜晚有雨水
滋喜。普茶。戒腊茶。巡堂茶
茶香唤醒断断续续的慧根
寒夜，寺外白雪茫茫
碗空了，茶是水活过的后半生

尘世时刻

哈尔滨，我在路灯下等你
温暖漫过的黄昏，你带来一盆水仙
四肢似希腊般冰冷。
雪覆盖人间的屋宇，星辰归于寂静
我们坐在火炉旁
读信。彼时
花神初醒，人间睡眠凋零
整个冬天，水仙的香味都在风中回荡

南方，南方

放下行李后，他就把自己接进流水线。
签一张契，他把自己签进南方
工厂的墙像是北方的墙。身边满是
男人创造的东西：机器、楼房、设计图
南方盛在工业的酸碱里，不在宋词和苏州里

很久没有飘雪，下班后他才被自己的
膀胱唤醒，左手和胳膊也复苏了瓜葛。
只消一夜，他便变成一架轻巧的机器：
抬手，放下。焊接，组装。手机成型。
不懂事的孩子，不停地跳槽

这些年来，他除了打工，还是打工
把光阴拆散、组合，用熟练的双手
给天堂装好螺丝。这些年来他亲手
种下自己的失眠，像老母亲的失眠。
楼下，苦楝树用绿色颤抖，它的手
臂拢不住一只鸟儿

皮　蛋

一

公鸭同母鸭生气，背起蛋离家出走
种，丢进石灰与茶叶搅拌的
坛子里。圆是想象的母体
黑的煎熬，发酵出眼睛
坛子底，呼吸腌，耳朵也腌
灰色的情绪把鸭蛋烧成酱头酱脑的墨绿。
小饭馆里坐满了胃，坐满江湖等待的
舌头。庖丁摘下星辰，撸起袖子
用红油辣子下厨。星象偏移
黑色在皮蛋里下了场雪
失散的鸭子在夜里打盹
而说书人醒了

雪日听禅

拂面而来的，是比水晶还明亮的风。
法师们悬在丝上，用叶子上的水说话
清晨，鸟鸣滴落到菩提树下
逶迤成鱼鲜红的胎记

檀香淡下来，一滴清水植入丹田
自上而下的水清洗冒血的魂灵。
戒。戒掉五脏六腑涌动的水
戒掉发皱的月亮
戒掉天空压低的日子

蓝色的水在云端行走。
书生把竹林摘来的箫声和雨丝
酿进经文里。
佛珠猩红，满地。
醍醐灌下慧根
男子身上的花就开了。

古代屋宇

屋顶铺满月光和栀子花
山雨把青瓦敲得空响
秋天很慢。老房子里，
古老的姓氏举行婚礼
河流把女儿嫁给远方
麦的籽粒开花又死亡
他们活着，入土为安。
舀一碗春雨给婴儿煎服
时间开始像秋天一样潮湿

食辣记

北方大汉满头出汗，
舌头乱颤。餐桌上一盘盘红椒
辣得冒火星。原来辣子鸡
埋在辣椒里，找零碎的鸡块——并
不敢在盘里乱找。小时吃饭，我把辣椒拣出
母亲说，你这是在火堆里找灰——又
辣不死你。不说了，开吃
辣香、鲜姜、红油。口腔直冒闪电
麻婆豆腐，回锅肉，烧竹笋。盘盘碟碟
排了一大桌。南方和北方姑娘化身大胃王
嘴起火了。饕餮的吃相，是
牛蹄筋卷进镰刀口。鲸鱼在胃里下沉
说不清，连听觉都是辣的
香辣鲜浮出记忆——只能
舔舔嘴唇，回到京城
胃又想喊帮江湖哥们下四川馆子

卖甘蔗的少年

他们挑着一担松散的故乡
从木樨地赶往公主坟，
芍药白花花地开着。
七月在肩上用力地弯曲
走着走着，
夏天就流成了汗
成了额头晶亮的盐粒

饮 香

黑暗擦醒了鼻子，缝隙里透着光亮
桂花、雪松、薄荷、檀香。菩萨的
心一静，世上的花就开了

芙蓉初绽，他沿着光走去。蛛丝上，
一滴雨水和另一滴雨水相逐。佛从
木樽里唤出些许的金，种在额头。

街道上住着白色的象牙，光滑的水
蛇游走在夜晚。星星自尽头而来，
黑棋与白棋在蓝色里行移。

河流褪尽，舟上罩着橘色的灯影。
岸渚上立着几只白鹤。寒山寺的
梅花落了，青苔安静地眠在石上

姑娘雨

从挪威到西伯利亚，盛大的雨像一场倒叙。
男孩在屋顶上放牧云朵，他用竹篮为姑娘打水，
明亮的心脏无法填充篮子奇怪的窟窿。

他欣然拎来一桶空气，养足姑娘的
视力。姑娘攀着绿色的藤向上爬
躲进云里，同他捉起迷藏。她在彩虹里
洗澡的时候，水变成灰色的棉花。

乌云的抛物线伏倒在麦地，男孩在地面
顺从越来越空的迷藏。雨水冲走湿润的影子，
他在镜子面前滑倒，扶扶摇摇站起的几行麦苗，
轻轻托住他的脚踝。

第五辑

尘世重负

麦　种

不该暗的都暗过了，
而光亮未至。
神施一口气，万物就
穿上时间的肉身。
苹果在嘴唇的命名中施洗
枯一岁，荣一岁
昼夜在大地的子宫里交替
一半的昼化成夜，一半的夜复为夜
不死的麦种，
从窄门穿过另一道门

雕　像

一阵骇叫，黄铜被打磨成光滑的
比喻。裸女成形，万千手掌抚摸
赢得炫耀。为了舞台上走失的掌声
她决心不朝斧工喊疼。
她朝天空伸出手臂，接住
来到大地找根的雨水。
我走在广场，听见
鸽子惊散亡者的哀思

眉州月

天远了，人间的声音渐渐小了
风，也渐渐息了。
子夜，娘子和莲花睡去
铜镜和簪花的侍女睡去
郎从远乡归来
山，像蝙蝠的影子
雪给大地打了层薄薄的胭脂
鹿的梦境闪烁磷光

李白说

李白说，我要拿一碗白酒文身。接着，
杜甫说，那我用水文。他们文啊文
大自然就装进了唐诗。一个甩开白袖
把月亮系在码头；一个收起青袖
把家书放至马背。喝完酒，一叶舟
漂至扬州，漂进江陵和桃花潭
一匹马走到蜀地，落脚锦官城
后来，他们就见不到对方。停笔后
太白在水上漂，子美在草堂哭
再后来，他们都死在了水上
对着水喊出彼此的名字

早　朝

木鱼停了，松开的拳头攥进袖子。
清晨飘落的雪化进灰白的头发，
青香楼没做完的梦，藏在金屋里。
走出书院，叫醒看门的石狮

戴上红珊瑚顶，穿上九蟒五爪袍，理好仙鹤服，
挂上朝珠，备顶绿呢轿，离乡启程。
城楼，台阶。状元走进金光闪闪的铁笼
看见里尔克的豹，小心蹑行

打开九十九道红漆门。白衣军竖起旌旗和刀斧
钟声磅礴。一只束装蟋蟀等待目光的诱捕
把语言的青筋理顺，奏报重心沉到膝盖上
伏尊，叩拜，压弯一根人体扁担

象笏沉重，满地青砖一块挨着一块。
无论封赏还是领罪，都需惶惶听旨，任一万句水草缠倒
大殿上一万种声音穿过我，一万种回音响着世上的洪钟
金银的，铜垢的，铁锈的

绿皮火车

秋天扑到身上，
月亮在心底锈着。
故乡，似一尊
漆满光的银器。
绿皮火车一节节穿过异乡
灯，追着夜缓慢前行。
平原上的稻草人，
寻找先祖走丢的草鞋。
黑夜披着厚重的袍，
拖着旅人四处流浪的故乡。
群山后移
似闪身而退的刺客

茶色时间

绿色的玉，
像密集的陶醉。
雨落得深一行，浅一行
宋朝书生在竹林里穿行，
苍翠便在胃里摇摇欲坠
清晨吸进丹田，
肺里的鱼群
就一群群亮起来
龙井、雀舌、铁观音
泡一壶方言，小说里的江南便浮起来
茶用清水中和漂零之苦
施洗江湖蒙蔽的肉身

世　门

世界的门用开关做成，推门而入
进入生活无尽的空响。暗地里，
木匠备好剖问的刀斧

门是榆木转世的祠堂。春秋为序，
书生在等远方，等一扇朱门
遁入空门，猫梦见昙花

门神护佑失去的一天
关门，无尽之门回应无尽的应允
风响着，虚掩的光阴也响着

鲜 花

十三张床。麝香。
身体布道后的福音
花枝与铜像。
豹子的唤声变暗
白墙空响。一万条蛇
举起腰朝圣。梦里
踱步的钉子闪亮

海

你带来一片海。
射线一样的愉悦
攀援着光
驶离了深渊

两束目光像两丛烟花
袅袅生成诺言的形状
类于塔，类于蝶
浮在海的镜面

脉搏奏着小钟
在海里种下玉质的种子。
伏在潮头的海豚
陶醉一片愉悦的星星

锁　具

命运里关联钥匙，关联贼
如同生活关联明亮与腐朽的事物
关联宽容或缄默

无论金质、银质与铜质
保护一扇门的同时，也将牵绊留于槛外
夜来临，锁便陷入无限的警觉

通常，锁活在自己的空芯里
以刑具的对称性来启闭他物。
而蛀空的部分，需要更精确的力
来完成启示

柏拉图之夜

禅和花冥想了一个晚上，
身体里的豹褪色了。
雨冲洗梦境，胶片印着大海
雪落在汉字的庙塔
谈起山河，谈起古代的月亮时
肉身就锈进记忆
买烟人经过楼下，孔雀
穿着睡袍在走廊奔走。几只蛾子
困在玻璃里，翅膀扑腾
我和你游进夜晚，时辰
涌过蓝色的记忆

素　描

打碎的白象在地上哭。被分开的瓷器
露出下午的真相：形是形，色是色

形形色色的人穿过碎片。一张脸从
红色心肺里掏出。像花生皮、核桃壳

年轻人在桥头练习情话。用过的词语，
像熟练的啤酒。石头合起腰，闭紧嘴巴

从花朵的呼吸中醒来。我听见形分开形，
色晕染色，听见蜂鸟扇打时间的翅膀

西夏旅馆

身体逃向夜晚。水从人间走失
寻找黑夜滋养过的绝望花枝

水蛇在你的身体里抽丝，用花言巧语
抽出灵秀的肢体

狐狸的皮，橘子的肾
灰色的窗户底蛾子扑棱

我和你在西夏旅馆接吻
窗外，雪正在把黑暗埋葬

下班儿

又下班了。小领身上滞留了
一半儿自己，一半儿别人。
公交像老乌龟一样停停喘喘
晃得头晕。车窗豁开脸的裂缝
到处都有目光的子弹。到处都是
猎人。卷起衣服，方想起
生活有两条疲倦的裤管
又下班了。半个男人解掉皮带
半个男人蹬掉皮鞋。去你的袜子
去你的领带。去你的衬衣。
撕掉商品笔挺的包装
浑水摸鱼的一天过去了。喷头底
散开鳍。湿漉漉的大腿跳到床上
一半男人变成蝌蚪，一半男人变回青蛙
绿色梦里，呱……呱……

断桥传说

南宋，雪不可语。佛曰：
岸，非彼岸。幽泉罗衣垂绿川
青城山圆光寂静，小蛇初生
世尊曰：世界所曰缘分，乃
彼佛刹中一昼夜。善男子，须
离诸污染不与恶俱，方可
本体清净。杨柳岸
莲在心中，心在水中
夜晚铺满袈裟，金鱼驮着露水
西湖，雨伞，寒枝
雪和传说都停在断桥

石榴鸣

黄雀惊叫，中断的呓语和藕丝
打碎的日子捏在手心。
皮囊衰败，胎盘尽破
你以牙齿和鲜血映我
艳丽、激昂、糜烂
羊水冰凉。你含着烈火
含着火焰孕过的种子
我要在月宫造一千所庙宇
每一座都闪烁蓝色的光芒
我要为你牧养一千匹白马
每一匹都驮着新娘，顶着花轿和银嫁妆
娘子，抱紧猩红的夜晚
抱紧石榴艳丽的心跳

蓝色画布

午夜，画家坐进酒馆
胎记落在七星瓢虫上。
烟卷进戒指。一只船离岸，
收捻白天的线头。
银色的雨落在鸟身上
羊与木架闪亮。
披雨纵行。蓝，像血液。
水的腰身化成鱼身
黄鹂把春天的闪电吹软
颜料四洒，画布的世界上
午夜连着黎明

雪落夜郎

雪落夜郎，大理比平时更远
水的前世来人间出家，
茫茫白羽擦醒古代的银器
擦醒袈裟轻裹的睡眠
大雪饕餮，风声佐着雪声
有人梦见北斗闪烁，有人
惊闻水声浩劫。雪漾了一夜
青城和古塔覆着白色
静下来，静下来寻访时间，
寻访红衣女子林间的碎步
雪落夜郎，落向醒着的人
落向远行的人

临帖记

桃符压着偏旁，樵夫担子在晃
魏碑里藏着黑鹰，张翅凌兔
林冲醉酒。长矛以撇捺追逐
蓄势、转锋、回挑：
擒拿草书舞蹿的龙蛇
雪紧了一夜。苏东坡皴开绿色
几竿竹子埋在比喻里

小和尚肩挑一枝细柳
嫩条舒展。瓦匠们绷紧墨绳
粗刀斫隶书。水漩岸，岸漩泥
泥漩菩萨。宋定伯在水边捉鬼
捉青鱼惶惶的眼珠。白鹤亮翅
宣纸上行书欹侧取姿
兰亭落款，汉字的庙宇一间错着一间

塔里木河畔

我们互相缠绵。攫取呼吸与心跳
终于，枪声在身体里静下来。
桥头上轿夫重新开始走动，被摁下的
鱼鳔慢悠浮上来，带着血色
这样的夜晚，塔里木河是宁静的。
这样的夜晚，露水与水鸟也是宁静的
不归属大地，也不归月宫。闪亮的树
守着月亮秘密谈话。这样的夜晚，
杏花是我的，漫山野草是我的，
风吹过的故乡也是我的；
这样的夜晚，松涛是我的
记忆里的伤是我的，
天空飘浮的一丝云也是我的

谒墓归来

白雪镇墓，受命于一封信
雪花为夜晚住持
再挺拔的树，也要为枝叶匍匐
像墓碑的主人，像他身上
开过的松涛与梅花。
白鸟掠过，一阵心跳离得很近
砰咚，砰咚，脉象乱颤
废墟里有人断断续续与春天交谈
有人在黑白无常的拂尘上
轻轻翻了下身

水做的下午

水做成一个下午，目光的波纹
留念一个下午。春日
少年的一天，水流向远方。
黑暗倾尽我，像白日倾尽光。
继续吹木调口琴
门涌来风，涌来遗忘与蓝色
拂晓，雾和鸟鸣缀满大地
白雀禅栖，雨落进人间
大地收纳雪，收纳宗教和悲悯
风追着太阳，
湖边的地平线悬着月亮
词语挂进黑夜，古代的节令在光阴里回响

神 隐

雪，越下越清澈
老人说，那是亡灵用白色说话
路上的花枝伸出手，把远方指给离人
柳叶指水，蓝豹从高原出发
时间的羽毛，落满鸟鸣和银子
水晶的声音镶在雪莲上
神话里，女人和孩童身着桃红衣衫，用清水洗礼
波纹开始念经，一万只蝌蚪游回江中
一万只喜鹊在江边展翅，编织汉字
锦袍上水墨隐去山色，像海隐去盐
呼吸隐去梦。夜郎国，封印盖上自然
骑马少年纳风为乡，纳天为屋宇
茶泛出黄宫调的陈味
木简上，字的肉身被时间磨损

第六辑

故乡之约

回　家

下雪了，我
披着一沓厚厚的风尘
从外省回家。
脱掉泥泞的鞋，把身子
倚在明亮的窗户旁。
粉色天竺葵开得正盛，
火炉里木炭通红。
黄昏底，羊吃饱了草
归巢的麻雀在屋檐底呼唤彼此。
一路上，我就在想
以后每年腊月都该回来
像今晚这样，安心
躺在故乡厚实的土地上

窗 花

再忍一忍，尾巴
就绞出来了
金老虎跟红老虎
属于不同的季节。
还没咆哮，老虎
就乖乖伏到纸上，迎接
年关。巧媳妇的手
变出十二种生肖
红扑扑的老虎眯着眼
卧在乡下的窗户上
路过的土狗不怕它们

除 夕
——和张二棍《中秋辞》

炉火暖。宜抱猫，烤火
顺便把刚拆洗的被褥
烘干。
鞭炮轰炸完最后一晚
这年月，响
或者亮
从心所欲。
整整一辈子
娘都绕着锅头忙活
羊圈里，黄昏饿得干叫
莫急。且等俺爹
咽完碗里的糨糊。且等俺爹
披上崭新的盔甲。且等俺爹
拜过秦琼跟敬德，且看他
如何拎一把苍老的骨头
活捉，上门的年兽

雨 夜

雨夜，青瓦在水中漂。
父亲回来了，身后的白鹿也回来了
雨中树亮着，一排排房屋亮着
他轻轻开门，影子罩在烛光底
鞋和雨衣放在木椅上。窗外
虞美人开着，古代的雨敲打陶器
无尽的雨打湿夜里的人。屋檐底
水断断续续叙旧，断断续续拢聚
一场清澈的雨里，父亲回来过
他的声音回来过

长途车散记

右卫镇。蔡家屯。北辛窑
先秦散佚的地名，在太阳底
发灰。最后一小时
大巴车驶进森林
空气变得广袤、清澈
下雪了，黄土高原呵成莽象
农民的脸老得无法识别
白头里。黑洲湾。杀虎口
从前，娘子的称呼挂进鸟鸣里

花柳沟。中元村。董半川
边地小城，平房搭配楼房
皮鞋高过布鞋。月光有了支流
一股进城，一股下乡寻找乡愁
童年和月亮打满补丁
我在诗里写下：墙，写下低头的
谷子和黍子，葵花
举着寒冷的太阳。诗里
经过古代的白露、寒露、霜降

追　忆

古代的地名，
我要用诗为你追忆。当夜来临
我要蘸着月光
将杀虎口、桦树、寺庙
写进故乡。
河流的日落有十二个
一半住在春天，一半住在高原
故乡的根须长在我身上
古代的地名，
我要用诗为你追忆

十二个汉子

十二个汉子在河里洗澡
水珠流下，从胯部颤抖地流下
溅湿鸟的眼睛
四肢和血管张开，田野与光辉
十二个汉子的胸膛给新娘准备
白天黑夜相连，十二个汉子和大地相连
那坚硬的犁头，雄壮的大腿
顺应太阳辉煌的线条。
十二个汉子是大地的福音
雨洗刷根，禾苗长出地面
十二个汉子劳动的白天胜过一切诗的夜晚
地母为他们献上丰收的秋天

白胡子爷爷种胡子

白胡子爷爷喜欢梳头
他的头发有几千丈
鸟蛋从他长长的头发滑下
就像滑梯一样

白胡子爷爷把胡子种进大地
绿苗就从土里钻出来
每种一根胡子
沙漠里就多了一根绿色

白胡子爷爷在春天睡觉
他的呼吸呀，有四季那么长
每打一声呼噜
山坡就轻轻吹过一阵风

茫石帖

不要追问。要等，
要等很多年，石头
才会相信石头。遍野的石头
被风啄去僵硬；被相信的石头
拖着淤青，把自己打成一道死结
化成沙粒，化成汹涌至虚无的尘
接受坦然的凌迟。一路
撤退的牙齿，对溪水
避之不及。与温柔聚集的刹那
掏空心悸，也泯灭悲喜。
盲人说，石头是风最后的住址
春天蛰伏在巨石里。在黄昏秘密
坐下来，我也成为石头的一部分

土　命

父亲说，土是他这辈子的命
牛耕过的田，鞭子说过的话
是祖宗立下的约。土是春天底
风沙蒙住的一张脸

父亲说的土，是牛受伤的腿
任由蝇虻叮来咬去，可还得把
生活的犁，往前拉。牛的眼睛不说话
血跟肉，在皮上抖

父亲说的土，是刚推完磨的吴大爷
把谷糠和麸皮扛起来。卸下的腰和膀子
在小腿上一颤一颤
父亲说的命，是七十岁还得扛好生活

父亲说的土，是邻居没漆的棺材
他的女儿把钱黑了，没吹鼓匠
没穿寿衣，装进薄木匣就打发了
父亲说的命，是黑夜咽不完的泪

方　言

他们又聊天了。复杂的烟嘴
过滤平仄，只留下塞音韵尾
我听不懂天方夜谭。
我像一株揠苗助长的稻
失足在他们交谈的泥泞里

字典里照镜子。一张脸
在世上来来回回。见面后，
他们拽掉帽子，用舌头亮出
地方通用的暗号。

犄角旮旯蹦出唇齿。方言
被普通话磨得字正腔圆
家长里短讲到动人处
普通话被戳开一个洞
气球一样"滋滋"漏着土气

城市当铺

我是这座城市挤丢的一滴水
每天挤进煮沸的人群
被生活蒸发。这是身体的当铺
医院，澡堂，厂房
所有动词都把我典当了一遍
工作。身体是表格捞出的豆腐
姓名，实习，经历
切割诗人古代的名号，分装进学历
性别，省份，年龄
切割南腔北调，塞进一沓普通话里
父亲和母亲填进表格
栅栏是他们的邻居，望不见对方。
这座城市像一所当铺
医院，澡堂，厂房
时间的每一秒都可以拿来典当

旷　野

旷野撒下一把雷声
有人心底就溅起血光。

时间赶走一屋子阳光
把青草弥留的香气留给下午

到处闪着水亮的洼
语言的水坑又困又乏。

故乡的空气像新揭开的酒缸
有人在里面沉默良久

吞声老

秋风起，凉入骨。光阴居吾身，秘密
居吾身，悬崖居吾身
此身梦过的水，暗暗攒成了河
春天用绿色流，夏至用磅礴的悲伤流
河白了，所有的水都老成
溪。三更，一漏。五更，一漏
风，吹着记忆
冬至，河立起身子呼我的名字
年轻的雪不停地往心口下
铁马与冰河周旋
黄叶飞，北方在绝句中寸断
而
尔身复在。汝，在词中
吞声老

井 绳

苦胆孤悬。绳结警告自己：
小心暗处的蛇。
有时，井用宁静把魂沉下去
以免良辰掉进深渊。
用力，再用力。绳用力拧紧自己
不给另外的身份松绑
捆、绞、缠
呼吸就这样断了。失约人望着月亮
杨柳岸，宋的河边泛起黑光
词的虚线，接续光阴

老房子

八月，绿色被河水催眠。
旧掉的我来到水边
看身体被冲刷成透明的影子。
夏日疲惫，乡间小路用泥土铺就
钟表老得只剩秒针
老房子有漫长的记忆：
父亲留下烟盒，猫在院里散步
雪的耳朵栖在磐石底。
麻雀相互偎依，悉数羽毛的时刻。
现在，老房子离开我
语言开始用黑色同我讲话

一个声音，没有皱纹

昨晚，我梦见他坐在坟茔上哭
他说下面又冷又潮。他反复跟我说：
他虽然死了，可他不信自己是鬼。

——你断了下去，像一根藤一样断了下去
辘轳空转，井绳拉响水底的一团逆光：
"别人要背叛我时，我要抢先一步，先背叛他。"

你说你不怕黑。我说陪你下去坐会儿的时候
断断续续的鸡鸣就把天叫亮了
当时雨打窗棂，一只蜜蜂在泥里挣扎

天刚晴，秋风就到了你的墓地
几只蜥蜴窜来窜去，避我不及
野草布满你的屋顶，若是活着
你一定得把它们连根除掉

那天，你说你要去井里找光
找绝望过的身子和干净的雪
那年春天，你在我身上种下所有的绿色
安静的绿色，没有说谎的皱纹

父亲愈种植绿色，灵魂就愈加枯萎

清明、谷雨、小满、芒种。
六十年来，父亲隐姓埋名
每年过二十四道关隘，把自己耗成
一根野草。他从祖父手里接过犁铧
春天耕雨，冬天耕雪
夏日在太阳底锄不成器的庄稼
起霜后刈掉亲手栽下的命

父亲的背是一张天生的烙铁，能熨干
早起的霜、黑夜的露、晌午的汗
他赤着脚把高粱祖和谷子爷抬进土祠
它们吆喝着空穗说：黄土太贫，我不长。
父亲听见，就把自己的肺掏出来
用身体的两片叶子和温热的血灌溉它们
他愈是种植绿色，灵魂就愈加枯萎

礼　物

儿子告诉我一个秘密：上天送给他
一件礼物，没有包装
没有价格，没有使用说明书
他用心脏把它带回家
儿子想把它掏出来，东西却不见了

朋友拾到一张脸，找不到失主
就据为己有。因为不管真假，它总微笑
母亲收到一个邮包：寄来的
是故乡的土。包装纸颜色是城市红
它吸干泥里的水分，留下一抔黄土

儿子长大说不想要礼物了，
朋友也说要把面具脸送我，
母亲用手心浸湿了泥土交给我。
我把它们一一接过来。礼物
掉出来，摔得粉碎，摔成影子的形状
但我依稀辨认出它们模糊的名字：
人生

2013.3.11，于北京小西天地下室

图书在版编目（ＣＩＰ）数据

花神的夜晚 / 李啸洋著. -- 武汉：长江文艺出版
社，2021.9
（第 37 届青春诗会诗丛）
ISBN 978-7-5702-2266-7

Ⅰ．①花… Ⅱ．①李… Ⅲ．①诗集－中国－当代
Ⅳ．①I227

中国版本图书馆 CIP 数据核字(2021)第 127038 号

花神的夜晚
HUASHEN DE YEWAN

特约编辑：隋　伦
责任编辑：胡　璇　　　　　　责任校对：毛　娟
封面设计：璞　间　　　　　　责任印制：邱　莉　　王光兴

出版：长江出版传媒　长江文艺出版社
地址：武汉市雄楚大街 268 号　　　邮编：430070
发行：长江文艺出版社
http://www.cjlap.com
印刷：中印南方印刷有限公司

开本：850 毫米×1168 毫米　　　1/32　　印张：5.375　　插页：4 页
版次：2021 年 9 月第 1 版　　　　2021 年 9 月第 1 次印刷
行数：3564 行

定价：46.00 元